Violin II

T0055793

Violin II

64
1
71
4
unis.
E
p
79
poco rit.
VARIANT II
Allegro moderato (𝅗𝅥. = 88, one slow beat)
85
3
p
5
97
F
pp
7
109
5
G
119
4
8
135
H
div.
p cresc.
f
2

141
unis.
148
ff
155
K
sim.
f
162
ff
f
169
ff
f
L
176
div.
ff sost.
184
div.
I
II
unis.
dim.
191
M
pp
2

198
p cantabile
pp
pp
VARIANT III
Allegretto (♩ = 150)
210
1st solo vn.
div.
II
O
tutti
pizz.
5
pp
pizz.
225
arco
pp
P
235
div.
f
244
unis.
mf
250
div.
f
Q
ff
256
unis.
dim.
p
264
R
pp
4

VARIANT IV
L'istesso tempo
278
div.
pp
unis.
p cantabile
285
div.
pp
S
unis.
p
290
294
p cresc.
298
sim.
302
T
307
312
317
322
U

OXFORD
UNIVERSITY PRESS

www.oup.com

ISBN 978-0-19-386649-2
9 780193 866492